Pia Pedevilla

Lustiges Weihnachtsbasteln

mit Windowcolor & Tonkarton

frechverlag

Pia Pedevilla lebt in Südtirol (Italien). Sie studierte Kunst in Gröden und Werbegrafik in Urbino. Seit Jahren ist sie im Bereich der Illustration tätig und entwirft Holz- und Stoffspielzeug sowie didaktische Spiele für Kinder im Vorschulalter.
Viele Jahre hat sie an der Grundschule mit Kindern gebastelt und gemalt. Heute leitet sie Fortbildungskurse für Lehrer, interessierte Erwachsene und Kinder.
Im frechverlag hat sie mehrere Bücher über verschiedene Arbeitstechniken veröffentlicht (siehe Seite 32).

Texte: Traudi Prenn
Fotos: frechverlag GmbH + Co. Druck KG, 70499 Stuttgart; Fotostudio Ullrich & Co., Renningen; Fotostudio De Vito, Florenz (Seite 30/31)

Dieses Buch enthält:
2 Vorlagenbogen

Auflage:	5.	4.	3.	2.	1.	Letzte Zahlen
Jahr:	2004	2003	2002	2001	2000	maßgebend

frechverlag GmbH + Co. Druck KG, 70499 Stuttgart

ISBN 3-7724-2660-3 · Best.-Nr. 2660
Druck: frechverlag GmbH + Co. Druck KG, 70499 Stuttgart

Wieder ist es soweit, Weihnachten steht vor der Tür! Kleine, aber effektvolle Dekorationen verbreiten im Hause die besondere Stimmung dieser Zeit.

Dieses Buch bietet eine Fülle von Anregungen, genaue Anleitungen und viele Tipps zum Umsetzen. Alle Motive sind recht einfach nachzumachen. Jedes Motiv lässt sich aus Tonkarton basteln oder mit der transparenten Fensterfarbe Windowcolor malen. In diesen Techniken lassen sich wunderschöne Raum- und Fensterdekorationen gestalten, aber auch liebenswerte Kleinigkeiten für den Christbaum, kreative Tischkarten und Serviettenhalter, festliche Blumenstecker und Teelichter oder Grußkarten. Und alles ist weihnachtlich!

Gutes Gelingen und eine schöne Zeit wünscht Ihnen

Pia Pedevilla

SO GEHT'S MIT PAPIER · SO GEHT'S MIT PAPIER

1. Mit einem Bleistift werden die Motivteile ohne Überschneidungen vom Vorlagenbogen auf Transparentpapier übertragen. Dieses klebt man dann auf einen dünnen weißen Karton und schneidet die Teile exakt aus. Fertig sind die Schablonen!

2. Die Schablonen werden auf das Tonpapier oder den Tonkarton in der gewünschten Farbe aufgelegt und mit einem dünnen Bleistift umfahren. Jetzt wird die Form ausgeschnitten. Manche Motive bestehen aus mehreren Teilen, welche nach dem Zuschneiden noch zusammengeklebt werden. Der Vorlagenbogen hilft bei der Positionierung der Teile.

3. Das Motiv wird dekoriert. Beinahe jedes bekommt ein Gesichtchen. Als Nase wird fast immer ein roter Klebepunkt, ø 8 mm, aufgesetzt, mit schwarzem Filzstift werden Augen und Mund gemalt und mit Buntstift die roten Wangen.
Die Sterne erhalten ein Kringellöckchen. Ein schmaler Streifen Wellpappe wird dafür eng um ein Schaschlikstäbchen gewickelt. Damit er sich rollt, muss er gegen die Rillenrichtung geschnitten werden.

Tipp: Alle Motive, die frei hängen, sind hübscher, wenn sie beidseitig dekoriert oder gearbeitet werden.

Hinweis: Für besonders feste Verklebungen (Seite 26, Seite 28) wird Heißkleber benötigt. Dieser gehört aber auf keinen Fall in Kinderhände!

1. Das Motiv vom Vorlagenbogen abpausen oder fotokopieren und unter eine Folie aus Polypropylen (PP) oder Polyethylen (PE) legen oder in eine Prospekthülle stecken. Die Konturen werden mit der Farbe direkt aus der Tube nachgezeichnet. Achten Sie darauf, dass die Linien durchgehend geschlossen sind. Die Kontur muss dann die auf der Farbflasche angegebene Zeit trocknen.

2. Die einzelnen Felder werden jetzt mit der Farbe, direkt aus der Tube, ausgemalt. Die Farbe sollte großzügig aufgetragen werden und man muss darauf achten, dass sie immer ganz dicht an die Konturlinie gesetzt wird, damit das Ganze eine Einheit bildet. Luftblasen sofort mit einer Nadel aufstechen!

3. Die Dekorationspunkte werden einfach mit der entsprechenden Farbe aufgesetzt. Zwei Farben können auch mit der Tubenspitze oder einem Zahnstocher ineinander gerührt oder gezogen werden. So entstehen Schattierungen. Die Wangen sind so gemacht: Auf die noch feuchte Grundfarbe werden zwei rote Farbtupfen gesetzt und dann kreisförmig verrührt.

Zuerst erscheinen die Farben milchig. Sie müssen ca. 24 Stunden lang trocknen, dann werden sie transparent und leuchtend.

Nach dem Trocknen wird das Motiv vorsichtig abgezogen und an das Fenster bzw. andere glatte Flächen gestrichen.

STERNCHEN

aus Papier

• Gelber Tonkarton • Gelbe Wellpappe • Roter Klebepunkt, ø 8 mm • Schwarzer Filzstift • Roter Buntstift • Schaschlikstäbchen • Gelber Aufhängefaden

Anhänger

In die Mitte der ausgeschnittenen Grundform wird der rote Nasenpunkt geklebt. Mit schwarzem Filzstift werden Mund und Augen gezeichnet, mit rotem Buntstift die Wangen gemalt. Das Stirnlöckchen (siehe Arbeitsanleitung Seite 4, Punkt 3) wird angeklebt. Durch ein eingestochenes Loch wird der gelbe Aufhängefaden gezogen.

Blumenstecker

Hinter der Figur wird ein Schaschlikstäbchen angeklebt. Soll aus dem Stern ein Komet werden, bekommt er noch den gelben Schweif.

STERNCHEN

mit Windowcolor

• Schwarzes Konturenmittel • Gelbe, weiße, rote Farbe

Die Arbeitsanleitung steht auf Seite 5.

SCHNEEMANN
aus Papier

• Weißer und blau-weiß karierter Tonkarton • Hell- und dunkelblaues Tonpapier • Weiße Wellpappe • Roter Klebepunkt, ø 8 mm • Schwarzer Filzstift • Roter, weißer Buntstift • Kariertes Schleifenband • Schaschlikstäbchen • Aufhängefaden

Anhänger

Auf den Schneemann werden der hellblaue Schal und der dunkelblaue Hut geklebt, dessen Krempe wird mit einer weißen Buntstiftlinie abgetrennt. Danach bekommt der weiße Mann sein Gesicht: Der rote Nasenpunkt wird aufgesetzt, die Augen und der Mund mit schwarzem Filzstift, die Wangen mit rotem Buntstift gemalt. Nun wird noch ein Faden durch den Hut gestochen.

Grußkarte

Auf das blaue Kartenrechteck (siehe Vorlage) wird das hellblau karierte, etwas kleinere Rechteck geklebt. Damit es plastischer wirkt, kann der Schneemann zuerst auf ein kleines Stück Moosgummi geklebt werden und mit diesem auf die Karte. Man kann ihn aber auch direkt aufkleben. Für den Schal wird ein 15 cm langes kariertes Band um den Hals geschlungen, vorne übereinandergelegt und angeklebt.

Blumenstecker

Der fertige Schneemann wird an einem Schaschlikstäbchen befestigt.

Die Teelichter in Sternform und auf dem Stäbchen werden auf Seite 28 erklärt.

Achtung: Teelichter auf einem Stäbchen müssen ganz gerade eingesteckt werden, da ansonsten das Wachs tropft!

SCHNEEMANN
mit Windowcolor

- Schwarzes Konturmittel
- Weiße, rote, hell- und dunkelblaue Farbe

Anleitung siehe Seite 5.

SCHNEEMANN UND RABE

Fensterbild aus Papier

• Weißer, orangefarbener, schwarzer, gelber, hell- und dunkelblauer, hell- und dunkelbrauner, ockerfarbener Tonkarton • Schwarzer Filzstift • Roter Buntstift

Auf dem Kopf wird ein Haarteil von hinten, eins von vorne angeklebt und der Hut mit schwarzer Krempe aufgesetzt. Dann malt man das Gesicht mit schwarzem Filzstift und rotem Buntstift auf und klebt die Nase fest. Der blaue Schal wird um den Hals geschlungen und darüber der Arm angeklebt. Der zweite Arm wird mit einem Schnitt vom Gesamtkörper getrennt. Er erhält noch einen Schlitz, durch welchen der Besenstiel mit dem aufgeklebten Besen geschoben wird.

Auf die Karottennase wird der Rabe mit gelbem Schnabel und weißem Auge mit schwarzem Punkt gesetzt. Zum Schluss werden noch Rabenfuß und schwarze Knöpfe mit Filzstift aufgezeichnet.

Der Vorlagenbogen hilft bei der Positionierung der Teile!

SCHNEEMANN UND RABE

Fensterbild mit Windowcolor

- Bleifarbenes Konturmittel • Verschiedene Blautöne, weiße, schwarze, gelbe, orangefarbene, rote, hell- und dunkelbraune Farbe

Anleitung siehe Seite 5.
Zur besseren Stabilität des Motivs können die Zwischenräume z.B. zwischen Haaren und Raben bzw. Hut und Besen mit kristallklarer Farbe gefüllt werden.

WEIHNACHTSMANN UND RENTIER

aus Papier

• Hellbrauner, roter Tonkarton • Hautfarbenes, rotes, weißes, schwarzes, grünes Tonpapier • Schwarzer Filzstift • Roter Buntstift • Rote Klebepunkte, ø 8 mm • Aufhängefaden • Zahnstocher

Anhänger oder Paketdekoration

Auf das rote Mantelteil werden der weiße Bart und das hautfarbene Gesicht geklebt. Letzteres bekommt schwarze Augen und rote Wangen. Darüber klebt man den Schnurrbart und als Nase den roten Klebepunkt. Am unteren Rand wird der Pelzbesatz befestigt und dahinter die Stiefel.

Lustig schaut der Weihnachtsmann aus, wenn man Kopf, Stiefel und Hände an Zahnstocher klebt und in einen Apfel steckt!

Auf das Rentier werden Augen, Mund und Stirnlocke mit Filzstift gezeichnet, die Wangen mit Buntstift rot gefärbt. Dann bekommt es von hinten das Geweih aufgesetzt. Der Kopf wird nun am Halsstreifen fixiert, die zwei grünen Schalteile sind vorne und hinten überkreuzt und angeklebt. Die Hufe kann man schwarz anmalen oder aufkleben. Durch die Figur kann ein Faden gestochen werden oder man kann sie direkt aufkleben.

APFEL

aus Papier

• Goldfarbener, roter, grüner Tonkarton

Die drei Teile ausschneiden und zusammenkleben.

APFEL

mit Windowcolor

• Schwarzes Konturenmittel
• Rote, hellgrüne, hellbraune Farbe

Zur Anleitung siehe Seite 5.

ENGEL AUF DER WOLKE

Fensterbild aus Papier

• Weißer, hautfarbener, gelber Tonkarton • Transparentpapier • Schwarzer Filzstift • Roter Buntstift • Roter Klebepunkt, ø 8 mm

Bei dem Engelchen wird der gelbe Schopf aufgeklebt und dann das Gesicht gestaltet: Die Augen und der Mund sind mit schwarzem Filzstift, die roten Bäckchen mit Buntstift gemalt. Der rote Klebepunkt wird die Nase.

An der Wolke wird von hinten der Kopf angeklebt sowie ein Ärmchen, das zweite wird vorne fixiert. Zum Schluss werden noch die zwei Flügel aus Transparentpapier angebracht.

Zur genauen Positionierung der Einzelteile helfen Vorlagenbogen und Foto.

ENGEL AUF DER WOLKE

Fensterbild mit Windowcolor

• Schwarzes Konturenmittel
• Weiße, gelbe, hautfarbene, rote, hellblaue, kristallklare Farbe

Lesen Sie die Anleitung auf Seite 5 nach.

WEIHNACHTSKETTEN

Die Anfertigung der Einzelteile ist auf den entsprechenden Seiten beschrieben. Diese Kombination ist nur ein Vorschlag, Sie können die einzelnen Figuren nach Lust und Laune zusammenfügen, senkrecht oder waagrecht aufhängen.
Die einzelnen Teile werden mit einem Faden miteinander verbunden. Dieser wird durch eine Figur durchgestochen, durch eine farbige Holzperle geführt, durch die nächste Figur gestochen und dahinter verknotet.

STERNMOBILE

• Gelber, weißer, roter Tonkarton
• Gelbe Wellpappe
• Schwarze und rote Klebepunkte, ø 8 mm
• Weißer Lackstift • Schwarzer Filzstift
• Roter Buntstift • Gelber Faden

Mit Hilfe des Vorlagenbogens wird zuerst der große Stern gefertigt. Die Augen sind schwarze Klebepunkte mit aufgesetztem weißem Lichtpunkt, die Nase ist ein Kreis aus rotem Tonkarton, Mund und Wangen sind mit schwarzem Filzstift bzw. rotem Buntstift gemalt. Die gelbe Locke wird am Stern festgeklebt und mit dem roten und weißen Mützenteil überdeckt.
Die Fertigung der kleinen Sterne ist auf Seite 4 und 6 beschrieben. Sie sind über einen durchgestochenen Faden mit dem großen Stern verbunden. Der Aufhängefaden wird durch die Mütze geführt.

Tipp: Der große Stern sieht auch als Baumspitze sehr hübsch aus. Man klebt dazu einen festen Faden auf die Rückseite. Dieser kann dann um den Baum geschlungen und verknotet werden.

WEIHNACHTSMANN MIT GESCHENKESACK

Fensterbild aus Papier

- Roter, gelber, grüner, blauer, hellbrauner, weißer, hautfarbener Tonkarton
- Schwarzer Filzstift
- Roter Buntstift
- Weißer Lackstift
- Schwarze Klebepunkte, ø 8 mm

Der rote Mantel ist aus einem Stück. Darauf wird das Gesicht geklebt, dann der weiße Bart, darüber der Schnurrbart und der rote Nasenkreis. Nun wird das Gesicht gestaltet: Die schwarzen Klebepunkte sind die Augen, in die ein weißer Lichtpunkt gesetzt wird, die Wangen sind mit rotem Buntstift gefärbt. Jetzt können der grüne Handschuh und alle Pelzbesätze angebracht werden. Die gelben Strümpfe müssen hinter den blauen Schuhen und diese dann von hinten am Mantel fixiert werden. Nun wird noch der Sack positioniert und mit dem gelben Flicken versehen. Zum Schluss werden alle Linien wie Flickenstiche, Schuhfalten, Ärmellinien mit schwarzem Filzstift aufgezeichnet.

WEIHNACHTSMANN MIT GESCHENKESACK

Fensterbild mit Windowcolor

- Schwarzes Konturenmittel
- Weiße, hell- und dunkelrote, hautfarbene, grüne, hellbraune, gelbe, violette, hell- und dunkelblaue Farbe

Zur Anleitung siehe Seite 5.

HÄUSCHEN UND BAUM

Adventskalender aus Papier

• Weißer, silberfarbener, gelber Tonkarton • Gelbes Seiden- oder Transparentpapier • Schwarzer und silberner Filzstift • Lineal

Anhänger

Auf die Hausfront werden der Giebel und das runde Dachfenster aus weißem Tonkarton geklebt und das gelbe Fensterquadrat wird fixiert. Die Dekorationslinien sind mit schwarzem Filzstift aufgemalt. Auf dem Vorlagenbogen sind mehrere Hausformen zu finden. Manchmal ist das Häuschen aus Silberkarton und der Giebel weiß oder umgekehrt. Die silberfarbene Baumdekoration ist frei Hand mit Filzstift gemalt.
Der Aufhängefaden wird durch den Giebel bzw. durch die Baumspitze gestochen.

Teelicht

Die quadratische Grundform wird ausgeschnitten, an den auf dem Vorlagenbogen angegebenen Stellen eingeschnitten, hochgebogen und zusammengeklebt. An dem so entstandenen kleinen Behälter wird dann vorne die Hausfront fixiert. Hinter das offene Fensterrechteck, das am einfachsten mit einem Cutter herausgeschnitten wird, wird dünnes Seidenpapier geklebt, auf das vorher mit Filzstift und Lineal die schwarzen Linien aufgezeichnet werden.

Adventskalender

Man verwendet dafür 24 Teelichthäuschen und schreibt auf die Vorderseite den Tag. Durch einen zweiten, etwas kleineren Behälter (siehe Vorlagenbogen) als Deckel ergibt sich ein Versteck für die kleine tägliche Überraschung. Als zusätzliche Dekoration können Bäumchen dazwischengestellt werden. Damit diese stehen bleiben, werden je zwei Formen an der Spitze zusammengeklebt und unten auseinandergespreizt.

7

TEDDYBÄREN

aus Papier

• Hellbrauner, roter, weißer, grüner, schwarzer Tonkarton
• Festes weißes Naturpapier • Naturfarbene Wellpappe • Schwarzer, roter Filzstift
• Roter Buntstift • Weiße und schwarze Klebepunkte, ø 8 mm
• Roter oder grüner Naturbast • Aufhängefaden

Anhänger und Paketdekoration

Man verschnürt mit dem Bast das weiße Paket, dann wird das Teddygesicht mit rotem und schwarzem Filzstift aufgemalt, die Wangen mit rotem Buntstift. Das Köpfchen wird vor, der Körper hinter das Paket geklebt. Als Anhänger braucht der Bär noch einen Aufhängefaden.

Tischkarte

Das Gesicht wird gemalt wie oben beschrieben und auf das hintere Ärmchen geklebt. Dann legen Sie das Teil in der richtigen Position zwischen die deckungsgleichen Autoteile und kleben sie an zwei Punkten am oberen Rand (siehe Vorlagenbogen) zusammen. Der andere Arm wird davor fixiert. Das Auto erhält beidseitig noch zwei Räder mit weißen Klebepunkten. Auch beim Anhänger ist das untere Teil doppelt, nur am oberen Rand zusammengeklebt und an beiden Seiten mit einem Rad versehen. Vor dem Kleben werden der Weihnachtsbaum und das Zugseil dazwischen positioniert. Die Autoteile müssen unten gespreizt werden, damit die Figur steht.

Schale

Das Gesicht entsteht aus dem Auge mit Klebepunkt, dem Schnäuzchen und der Nasenspitze. Die zwei Pfoten bekommen hellere Innenteile und der Teddy wird mit einem roten Schal bekleidet.

Behälter: Auf dem Wellpappestreifen werden die längs verlaufenden Wellen an der Faltlinie entlang zuerst mit einem Cutter leicht eingeritzt. So ergibt sich ein sauberer Knick. Die Zacken werden nach innen gebogen und der Streifen wird zusammengeklebt. Der Boden wird dann von oben an die Zacken geklebt. Zum Schluss wird der Teddy innen am Rand befestigt.

ULRIKE

WEIHNACHTSMANN AUF SCHLITTENFAHRT

Fensterbild aus Papier

• Weißer, hautfarbener, roter, grüner, gelber, hellbrauner, violetter Tonkarton • Schwarzer Filzstift • Weißer Lackstift • Roter Buntstift • Schwarzer Klebepunkt ø 8 mm

Es ist günstig, zuerst alle Einzelteile auszuschneiden und zurechtzulegen und bei ihrer Positionierung den Angaben auf dem Vorlagenbogen genau zu folgen!
Auf den Kopf wird zuerst das Haar geklebt, darüber der rote Mantel mit angeschnittener Hose. Der Mantel bekommt am unteren Rand vorne den Pelzbesatz, von hinten angeklebt werden der violette Strumpf und der Schuh. Kleben Sie nun den gelben Handschuh hinter den Ärmel, den Pelzbesatz darüber und dann den ganzen Arm auf den Mantel. Erst jetzt werden als deckender Abschluss die zwei Schnurrbartteile aufgesetzt und die Mütze bekommt noch den weißen Zipfel. Als Auge wird der schwarze Klebepunkt mit weißem Lichtpunkt aufgesetzt, die Augenbraue mit schwarzem Filzstift gezeichnet, das Näschen und die Wange werden mit rotem Buntstift aufgemalt. Der fertige Weihnachtsmann wird auf den Schlitten gesetzt und ab geht die Fahrt über eine steile Schneepiste. Besonders lustig wirkt das Motiv in der Fensterecke auf einer Schneefläche aus Strukturpapier.

WEIHNACHTSMANN AUF SCHLITTENFAHRT

Fensterbild mit Windowcolor (Siehe Innentitel)

- Schwarzes Konturenmittel • Weiße, hell- und dunkelrote, hautfarbene, gelbe, grüne, violette, bernsteinfarbene, hell- und dunkelbraune Farbe

Die Anleitung finden Sie auf Seite 5.

CHRISTBÄUMCHEN

aus Papier

• Grüner, weißer, roter Tonkarton • Gelbes Tonpapier • Grüne Wellpappe • Schwarzer Filzstift • Roter Buntstift • Roter Klebepunkt, ø 8 mm • Aufhängefaden

Anhänger

Das Bäumchen bekommt die zwei Mützenteile aufgesetzt, darunter werden die Gesichtslinien mit schwarzem Filzstift aufgemalt, die Wangen mit rotem Buntstift. Die Nase ist ein roter Klebepunkt. Der Aufhängefaden wird durchgestochen.

Serviettenring

Auf die zwei deckungsgleichen Baumformen mit angeschnittenem längerem Streifen werden die Gesichter gemalt, bevor man sie an der Baumspitze zusammenklebt.
Die Streifen werden gebogen, übereinander gelegt und geklebt. Durch die so entstandene Öffnung kann die Serviette geschoben werden. Die Baumspitze wird noch mit einem Stern geschmückt.

Teelichter

Ein grüner Wellpappestreifen wird mit Heißkleber um das Teelicht geklebt und dieses dann auf dem Papierbäumchen fixiert. Man kann mit einer Nagelschere aus der Baumform einen Kreis in der Größe des Teelichtes schneiden und den Baum dann oben auf den Lichtrand aufsetzen. Nimmt man den Wellpappestreifen, mit dem man das Teelicht umwickelt, etwas schmaler als das Teelicht hoch ist, kann das Bäumchen auf die Kante aufgelegt und vorsichtig angeklebt werden.

CHRISTBÄUMCHEN

mit Windowcolor

• Schwarzes Konturmittel
• Grüne, weiße, rote Farbe

STERNE

mit Windowcolor

- Goldfarbenes Konturenmittel
- Weiße, kristallklare Farbe

GOLDENGELCHEN

aus Papier

- Weißer, goldfarbener Tonkarton
- Schwarzer, roter Filzstift
- Roter Buntstift
- Weiße Klebepunkte, ø 8 mm
- Goldfaden • 2 weiße Federn
- Schaschlikstäbchen • Zackenschere
- Aufhängefaden

Anhänger und Blumenstecker

Auf das runde Köpfchen wird das goldene Haarteil gesetzt und das Gesichtchen darunter mit Filzstift und Buntstift aufgemalt. Dort, wo die Haare scheinbar zusammengebunden sind, wickelt man den Goldfaden herum und fixiert ihn.

Der untere Rand des goldenen Kleidchens wird mit einer Zackenschere beschnitten. Darauf kommen die zwei weißen Klebepunkte als Knöpfe und mit Filzstift wird die Ärmellinie aufgezeichnet. Das Köpfchen wird auf den weißen Tonkartonstreifen geklebt und dieser dann von hinten an das Kleidchen. Nun fehlen nur noch die Federflügel.

Ein Aufhängefaden wird durchgestochen oder das Engelchen wird an ein Schaschlikstäbchen geklebt.

TEELICHTER

aus Wellpappe (vgl. Abbildung Seite 8)

- Goldfarbene Wellpappe • Goldfarbener, weißer Tonkarton • Schaschlikstäbchen

Um die Teelichter wird mit Heißkleber ein Wellpappestreifen geklebt und dann werden sie auf einen oder mehrere übereinandergeklebte Sternformen gesetzt. Der Stern kann auch oben aufgesetzt werden (vgl. Weihnachtsbäume Seite 27).

Besonders hübsch sind Teelichter als Stecker in einem Blumentopf. Dazu wird der schmal auslaufende Streifen Wellpappe mit seinem breiten Ende an ein Stäbchen geklebt, dann fest darum herumgewickelt und am Ende fixiert (siehe Vorlagenbogen). Auf der so entstandenen Fläche kann das Teelicht mit einem Stern als Basis fixiert werden.

Achtung: Teelichter ganz gerade einstecken, da ansonsten das Wachs tropft!

GRUSSKARTEN UND LATERNEN

mit Windowcolor

• Tonkarton oder Wellpappe in verschiedenen Farben • Windrad- oder Overheadfolie • Schwarzes und bleifarbenes Konturenmittel • Verschiedene Farben

Die Doppelkarten können Sie selbst zuschneiden, aber es gibt sie auch in vielen Formen und Farben bereits fertig im Handel. Auf der Vorderseite wird mit einem Cutter ein Rechteck ausgeschnitten (siehe Vorlagenbogen). Die bemalte Folie wird innen an den Rahmen geklebt. Damit das Motiv heller durchscheint, kann auf der Gegenseite ein weißes Papier aufgeklebt werden.

Aus einem Bogen Wellpappe wird die Laternenform in einem Stück ausgeschnitten (siehe Vorlagenbogen). Alle Kanten werden zuerst auf der Wellenseite leicht eingeritzt, damit sie sich mit einem sauberen Knick leicht biegen lassen. Nun zusammenkleben. Achten Sie auf den Wellenverlauf!
Die fertigen Motive (vgl. Seite 5!) werden mit der Folie von hinten an die Laternenfenster geklebt.

Die allgemeine Anleitung zu allen Windowcolor-Motiven finden Sie auf Seite 5.

Kartenmotive

Das gewählte Motiv wird auf einer Windrad- oder Overheadfolie konturiert und ausgemalt (siehe Seite 5). Dann muss es gut trocknen. Mit den fertigen Folien kann man Grußkarten ganz individuell gestalten oder sie als farbenfrohe Laternenwände einkleben.

Christbäumchen

(vgl. Seite 27 und 30)

- Schwarzes Konturenmittel
- Grüne, weiße, rote Farbe

Sternchen

(vgl. auch Seite 6)

- Schwarzes Konturenmittel
- Gelbe, weiße, rote Farbe

Schneemann

(vgl. auch Seite 8)

- Schwarzes oder bleifarbenes Konturenmittel
- Weiße, rote, hell- und dunkelblaue Farbe

Weihnachtsmann und Rentier

- Schwarzes Konturenmittel
- Weiße, rote, gelbe, hautfarbene, hellbraune, schwarze, blaue Farbe

Häuschen

- Schwarzes Konturenmittel
- Weiße, violette, gelbe, orange, hellblaue Farbe

Teddybär

- Schwarzes Konturenmittel
- Hellbraune, rote, grüne, weiße Farbe

Goldengelchen

- Schwarzes Konturenmittel
- Goldfarbene, hell- und dunkelblaue, hautfarbene, weiße, rote Farbe

VON PIA PEDEVILLA SIND IM FRECHVERLAG WEITERE TITEL ERSCHIENEN. HIER EINE AUSWAHL:

TOPP 2531

TOPP 2432

TOPP 2507

TOPP 2418

TOPP 2439

TOPP 2348

TOPP 2035

TOPP 2279

TOPP 2313